मन के फूल

एकता शर्मा

सन्मति

Title : Man ke Phool
ISBN: 9788194808800

© Ekta Sharma

प्रकाशक

सन्मति पब्लिशर्स एण्ड डिस्ट्रीब्यूटर्स

बी-347, संजय विहार,

मेरठ रोड, हापुड़-245101 (उ0प्र0)

website : www.sanmatiindia.com

email: sanmati555@gmail.com

मो : 8439645104

प्रथम संस्करण : नवम्बर 2020

अपनी बात

मेरा यह काव्य संग्रह मेरी भावनाओंमेरी अभिव्यक्तियों का एक, संग्रह है । मेरे इस काव्य संग्रह में विभिन्न विषयों पर कविताएँ हैं । सभी कविताएँ सरल भाषा में हैं । यह काव्य संग्रह एक छोटा सा प्रयास है । अपने भावों को कलम से कविताओं का रूप दिया है । आप सभी साहित्य प्रेमियों से आग्रह करती हूँ कि मेरे काव्य संग्रह को पढ़कर मेरा उचित मार्गदर्शन करें । आप सबके सहयोग से मेरे हौंसलों को नई उड़ान मिल पायेगी ।

मैं विशेष आभार व्यक्त करती हूँ सन्मति पब्लिशर, निशान्त जैन जी, का जिन्होंने मेरे इस काव्य संग्रह को वास्तविक रूप में लाने के लिए पूरा सहयोग किया है ।

- एकता शर्मा

अनुक्रमणिका

बसंत

देखो बसंत आ गया,
सबके मन को भा गया।

चारों ओर फूल खिले,
पीले-पीले सरसों के।
भ्रमर फूलों पर मंडराये,
जैसे प्रेमी मिले हों बरसों के।

नभ में उड़ती कोयल,
कू-कू करती मतवाली।
फूलों से भर गयी उपवन की,
क्यारी की डाली–डाली।

बसंती बसंती मौसम,
अब तो हो गया।
लगता है मानो अब तो,
सर्दी का अंत सा हो गया।

हल्की–हल्की फुहार पड़ने लगी,
देखो बसंत आ गया,
सबके मन को भा गया।

जिंदगी

बहुत इम्तिहान लेती है ये जिंदगी,
कभी ख़ुशी तो कभी गम देती है जिंदगी।

कुछ हसीन ख्वाब दिखाती है जिंदगी,
कभी वो ख्वाब आँखों से छीन लेती है जिंदगी।

कभी मंजिलों के करीब ले आती है जिंदगी,
मजिलों के करीब आते ही मुश्किलें बड़ा देती है जिंदगी।

खुद पर भरोसा हो तो हौंसला बढ़ा देती है जिंदगी,
शायद हमें हालातों का सामना करना सिखा देती है जिंदगी।

चाँद

कहते हैं कि पूर्ण हुए बिना कुछ खुबसूरत नहीं होता,
किंतु चाँद तो हर रूप में खूबसूरत होता है।

करवाचौथ के चाँद का हर सुहागन को इंतज़ार होता है,
उस दिन का चाँद प्रेम, विश्वास का प्रतीक होता है।

ईद का चाँद भी कितना सलोना लगता है,
जाने कितनों की दुआओं को पूरी करता है।

पूर्णिमा के दिन पूरी होकर आता चाँदनी के साथ,
चांदनी के उजियारे में चमक जाती है हसीन रात।

सच कहूँ तो चाँद हर रूप में मन मोह लेता है,
अपने साथ बहुत से ख्वाब लाकर हमारे नयनों में सजा देता है।

सादगी

सादगी मुझे बहुत भाती है,
और सादगी में ही अक्सर मुझे नजर लग जाती है।

मेरी माँग का सिंदूर
प्यार का एहसास दिलाता है।

उस पर मेरे माथे की बिंदिया,
चार चाँद लगा जाती है।
सादगी मुझे बहुत भाती है।

मासूम सा चेहरा,
उस पर घुंघट का पहरा।
गालों का गुलाबी रंग,
आँखों में काजल समा जाती है।
सादगी मुझे बहुत भाती है।

खनकती मेरी
हाथों की रंग-बिरंगी चूड़ियाँ।
और पैरों में छम-छम बजती,
पायल मुझे बहुत भाती है।

सादगी मुझे बहुत भाती है,
और सादगी में ही अक्सर मुझे नजर लग जाती है।

झरना

निरंतर बहता रहता झरना,
जीने की प्रेरणा देता रहता झरना।

पत्थर राह में आने पर भी,
निर्मल जलधारा में बहता रहता।
वैसे जीवन में चाहे जितने आयें,
जिव्हा से निर्मल वाणी ही कहना।
निरंतर बहता रहता झरना...

ऊँचे–ऊँचे पर्वतों से पानी लाकर,
नीचे तालाबों, नदियों में समाहित करता।
ऐसे ही सत्संगीत में बैठकर,
सज्जनों के गुणों को तुम धारण करना।
निरंतर बहता रहता झरना...

रेगिस्तान

रेत देखकर रेगिस्तान की,

दिल में बेचैनी हुई अनजानी-सी,

चारों ओर बिखरी है रेत महीन,

बंजर धरती क्या किसी काम नहीं आएगी,

क्या बारिश की बूँदों से भी तपन नहीं बुझ पाएगी ।

पंछी उड़-उड़कर नीर को भटक रहे,

चारों ओर हरियाली को सब तरस रहे,

काश बारिश आ जाये सुहानी,

इस रेगिस्तान में भी हो जाएँ पानी ही पानी ।

यहाँ सूखे में बहुत सुकून मिलेगा,

जब छम-छम शीतल जल बरसेगा ।

राह तके ये नैन

राह तके ये नैन,
दिन हो या रैन।

तुमसे जब मिलन होगा,
सच आँखों का स्वप्न होगा।

देखने को तुझे ये नैन तरसते हैं,
क्या बताएं कितना ये बरसते हैं।

माना तू मुझसे कुछ दूर,
तू मेरी आँखों का नूर है।

जिस्म में और रुह में तू है मेरी,
जीवन के सफर में मुझे जरुरत है तेरी।

बारिश की बूँदों में तू नजर आता है,
तुझे सोचकर दिल घबरा जाता है।

तेरी बाँहें थाम कर चलना चाहती हूँ,
अब तो तेरा दीदार चाहती हूँ।

एक दिन तो तू मिलने आएगा,
मेरे लिए तोहफे में पायल लाएगा।

पायल को पहनकर आंगन में डोलूँगी,
तेरे इश्क में बजे छम-छम उन्हें ये बोलूँगी।

प्रार्थना

स्वीकार है मुझे,
ईश्वर चाहे जिस हाल में रख लेना।

बस डोर तुम्हारे हाथों है,
एक बार ये कह देना।
दुःख के कांटे आये जीवन में कितने भी,
मेरा मन घबरायेगा नहीं।
बस तुम उन काँटों के बाद,
सुखों के फूल बिछा देना।

स्वीकार है मुझे,
ईश्वर चाहे जिस हाल में रख लेना।

ताप जीवन में कितना ही बढ़ जाये,
मैं अपने सफर में रुकूँगी नहीं।
बस तुम मेरी राहों में,
अपने प्रेम की छाया कलर देना।

स्वीकार है मुझे,
ईश्वर चाहे जिस हाल में रख लेना।

लड़की पूछ रही

लड़की पूछ रही कि क्या लड़की होना पाप है,
कन्या रूप धर जन्म लिया क्या ये अभिशाप है।

दूसरों की नजरों का ताप कब तक सहूँ मैं,
मुझे बताओ तो कब तक चुप रहूँ मैं।

सबकी नजरों से खुद को बचाकर रखती हूँ
घर से बाहर नजरों को अपनी झुकाकर रखती हूँ।

कितने सुन्दर मन और बदन क्रूरता की आग में जल जाते हैं,
कहीं दहेज़ तो कहीं हवस की आग में फूँक दिए जाते हैं।

समाज में बेटा-बेटी समानता का नारा दिया जाता है,
कुछ घरों में अब भी बेटी होने पर मुँह उतर जाता है।

आज भी समाज में बेटियाँ डर कर जी रही हैं,
और बहुत सी यातनाओं का विष मन में पी रही हैं।

बेटियाँ भी आदर-सम्मान के साथ जीना चाहती हैं,
अपने समाज में अपनी अलग पहचान बनाना चाहती हैं।

आहिस्ता-आहिस्ता

आहिस्ता–आहिस्ता चल जिन्दगी,
अभी तो बहुत सफर बाकी है।
कुछ सपने तो पूरे हुए,
और कुछ सपने पूरे करने बाकी हैं।

सवाल तो बहुत थे हमारे अंदर,
कुछ हमने किए और कुछ जमाने ने किये हमसे।
कुछ अनसुलझे सवाल हैं,
उनके जवाब आना अभी बाकी हैं।

मौसम बदला हर पल,
लेकिन कभी हम ना बदले।
अभी थम जा ऐ वक्त जरा,
कुछ चेहरों की असलियत आना अभी बाकी है।

हिम्मत और हौंसलों के साथ,
हमने जीवन का काफी सफर तो तय किया।
किंतु अभी तो बहुत सी उम्मीदों के साथ,
जीवन का आखिरी मुकाम पाना बाकी है।

मेरा देश

जाने कहाँ गया वो चैन और अमन,
जाने अब विचलित क्यों हैं मन।

चारों ओर एक हाहाकार सा मचा रहता है,
अखबारों का बाजार नये-नये मुद्दों से सजा रहता है।

कहीं बेटियाँ, तो कहीं गाड़ियाँ जल रही हैं,
सबके मन को ये घटनाएँ विचलित कर रही हैं।

भला-बुरा सोचने की शक्ति मानों क्षीण सी हो गयी,
मानसिकता जाने क्यों मलिन सी हो गयी।

आपस का प्रेम सौहार्द समाप्त सा हो गया है,
लगता है भाईचारा वाला भारत कहीं खो गया है।

मानसिकता अपनी अब हमें बदलनी होगी,
प्रेम सद्भाव वाली नयी राह पकड़नी होगी।

तभी मेरा देश दोबारा सोने की चिड़िया बन जाएगा,
देश का दुश्मन भी देश के आगे नतमस्तक हो जाएगा।

पापा को ख़त

सोचती हूँ पापा को एक ख़त लिखूँ,
इनके बिना जो हमारा हाल है वो लिखूँ।

माँ दिन रात उनको याद कर आँसू बहाती है,
हम सबको हर पल आपकी याद आती है।

ख़त खरीदकर बाजार से मैं ले आयी,
लिखने कुछ लफ़्ज फिर मैंने कलम उठायी।

नम आँखों से मैंने पापा को प्रणाम लिखा,
सब हाल समाचार उस ख़त में मैंने लिखा।

एक-एक शब्द बड़े प्यार से मैं लिख रही थी,
बस यूँ समझ लो उस ख़त में सारी दुनिया दिख रही थी।

कुछ सोचकर फिर हाथ मेरे थम गये,
लिखे हुए शब्द भी अश्कों में बह गये।

क्योंकि उस जहाँ तक तो कोई डाकिया जा ही नहीं पायेगा,
मेरे पापा को उनकी लाड़ो का लिखा ख़त मिल ही नहीं पायेगा।

थोड़ी सी राहत

जीवन में अब थोड़ी सी राहत दे दो,
अब तो खुशियों के फूल खिला दो।

थक गये यूँ हालातों का सामना करते,
मजबूरी में यूँ दर-बदर भटकते।
अब तो जहाँ की मुश्किलोंको कुछ कम कर दो,
अब तो उदास चेहरों पर मुस्कराहट ला दो।

लब मुस्कुराना सा भूल गए हैं,
गम के आँसू अब इन आँखों में घुल गए हैं।
मालूम ही नहीं चलता कि बारिश की बूँदें हैं,
या नम आँखों से गिरी आँसू की बूँदें हैं।

अपनों से मिलने को सब तरसते हैं,
दिन रात मन सबके भटकते हैं।
इतना सा अब कर्म कर दो,
हे ईश्वर दुनिया जहाँ पर अब रहम दो।

दोस्ती का रिश्ता

दोस्ती एक रिश्ता,
जो सब रिश्तों में खास होता है।
सुख हो या दुःख हो,
एक दोस्त हमेशा पास होता है।

सब रिश्तों से अधिक,
इसका सुखद एहसास होता है।
जब–जब जरुरत पड़े,
दोस्त हमेशा दोस्त के पास होता है।

सुदामा कृष्ण की तरह,
दोस्ती का अजब इतिहास होता है।
दोस्त ही लबों की मुस्कान,
और दोस्त ही जीवन का साज होता है।

दोस्ती हमेशा दिल से होती है,
सच्ची दोस्ती पर सबको नाज होता है।
एक अच्छा दोस्त कभी नहीं बदलता,
उसका प्रेम जैसा कल था वैसा आज होता है।

सुकून के पल

आजकल कहाँ गए,
वो सुकून के पल।
जब दो घड़ी साथ बैठकर,
आपस में बतियाते थे सब।

शाम ढलते ही घर के बहर,
खाटें बिछ जाया करती थीं।
हुक्का चिलम जलाकर
महफ़िल सी सज जाया करती थी।

जाने कब तक की बातें,
वहाँ उठ जाया करती थीं।
ना कोई लड़ाई, कलेश था,
और ना ही आपसी इतना मन-मुटाव था।
वो गुजरा हुआ जमाना,
इस जमाने से बेहतर था।

इन्टरनेट इतना हावी नहीं था,
सीधे सादे लोगों पर।
सब व्यस्त रहा करते थे,
अपने अपने खेतों पर।

काश वो शांति वाला जीवन,
और वो सुकून के पल वापस आ जायें।

विश्वास

जो मांगती हूँ एक दिन वो मुझे अवश्य मिलेगा,
मेरी उम्मीदों वाला फूल बगिया में जरूर खिलेगा।

इस जहां में परीक्षा भी तो अक्सर उन्हीं की होती है,
जिनके हौसले बुलंद और सहनशक्ति अधिक होती है।

सफर पर चलने से ही तो मंजिल मिलती है,
डरना कैसा राहों में परेशानियाँ तो मिलती हैं।

हम भी अपनी परीक्षा धैर्य पूर्वक दिए जा रहे हैं,
और परिणाम का इंतज़ार सब्र से किये जा रहे हैं।

मेरा दृढ़ विश्वास मुझे कभी भी डगमगाने नहीं देता है,
ईश्वर एक दिन मेरी विनती अवश्य सुनेगा,
और मेरी खाली झोली को खुशियों से भर देगा।

हिन्दुस्तान

ये प्यारा हिन्दुस्तान है,
ऋषि मुनियों की जन्मभूमि,
देवी-देवताओं का यहाँ स्थान है ।
भागवतगीता, रामायण,
महाभारत और वेद पुराण है ।

वासुदेव कुटुम्बकम
और सर्वधर्म समभाव हैं ।
यहाँ हर दिल में बहता है,
प्रेम की नदिया का बहाव है ।

गाय, गंगा जन्मभूमि को,
माँ कहकर पूजन करते हैं ।
हर धर्म जाति के व्यक्ति,
सब भाई बनकर यहाँ रहते हैं ।

हर पल विकास होता जा रहा है,
हर क्षेत्र में उन्नति हो रही है ।
वीर सैनिक प्रहरी बनकर,
दूँ रात हर मौसम में रक्षा करते हैं ।

साड़ी दुनिया से अलग इसकी शान है,
ये प्यारा हिन्दुस्तान है ।

दहलीज

हर पल घर की दहलीज को निहारती
कभी कुछ कहना चाहती है
तो कभी धीमे से मुस्काती
पंखों को फैला उड़ना चाहती
शरमाती सी थोड़ी सकुचाती सी
हर पल घर की दहलीज को निहारती

सपने आँखों में सजे बहुत
उम्मीदों की किरणों की रौशनी जगमगाहट
हर पल ये आसव बांधे
कि आसमान को काश छू पाती
हर पल घर की दहलीज को निहारती

प्रारम्भ से ही पैरों में जंजीरें पड़ीं
मेरी राहों में बंदिशें बंधीं
अरमान बहुत से दिल में,
काश उन अरमानों को बेछिछक पूरा कर पाती
हर पल घर की दहलीज को निहारती ।

या फिर यह दहलीज ही दायरा है,
इसके भीतर ही संसार सारा है
पूरी दुनिया को छोटी में अपनी बांध पाती
हर पल घर की दहलीज को निहारती ।

वजह

यूँ तो वजह बहुत हैं तुझे चाहने की,
हर पल एक ख्वाहिश बनी रहती हैं तुझे पाने की।

तेरी नजरों से जब मेरी नजरें मिल जाती हैं,
बिना कहे ही जाने कितनी बातें कह जाती हैं।

तेरे लबों की ये मुस्कान जीवन में उमंग भर देती है,
मेरे उदास चेहरे पर भी चमक बिखेर देती है।

तेरी मासूम सी अदाओं पर मेरा ये दिल मरता है,
तेरी बाँहों में पनाह मिले ये दिल करता है।

तेरी सांसों की खुशबू से मैं महक जाती हूँ
तुम पास हो या दूर हर पल तुम्हें करीब पाती हूँ।

तेरे आने की आहट से दिल में उमंगें सी उमड़ आती हैं,
कुछ ही पलों में आँखों में कई ख्वाब सजा जाती हैं।

यूँ तो चाहत के लिए वजह बहुत सी होती हैं,
फिर भी कुछ चाहतें अक्सर खामोशी में दबी होती हैं।

मेरा श्रृंगार

मेरी चांद जैसी लाल बिंदी,
हमेशा माथे पर चमकती रहे।
मेरी ये मांग,
लाल सिंदूर से यूँ ही सजती रहे।

दर्पण को देखकर,
जब भी मैं सँवरती हूँ।
इस सुहाग के लाल जोड़े में,
बहुत खूबसूरत मैं लगती हूँ।

तुम्हारा प्रेम मेरे जीवन में,
रेगिस्तान में पानी की उम्मीद जैसा है।
बेशक तू हर पल मेरे साथ नहीं,
फिर भी तेरा एहसास साथ होने जैसा है।

इस जीवन के सफर को,
दोनों मिलकर प्यार से काट लेंगे।
दोनों अपने हिस्से के सुख-दुख,
एक दूजे में बाँट लेंगे।

इस जीवन रूपी दरिया में,
मेरा जीवन एक कश्ती है ।
जिसकी पतवार तुम हो,
दरिया के उस पार खुशियों की बस्ती है ।

मेरी मांग, बिंदी और श्रंगार,
सब तुमसे ही तो है ।
मैं तो कुछ भी नहीं इस जहाँ में,
मेरा वजूद तुमसे ही तो है ।

हिंदी

हिंदुस्तान का आधार है हिंदी,
हम सबकी शान है हिंदी ।

जाने क्यों अब लोग,
हिंदी लिखने में शरमाते हैं ।
अंग्रेजी में लिखकर,
होशियार कहलाते हैं ।

मानते हैं हम,
कि आज प्रतिस्पर्धा का जमाना है ।
अंग्रेजी के साथ-साथ,
हिंदी को भी हमें अपनाना है ।

कुछ लोग फोन में,
बोलकर हिंदी लिखते हैं ।
उनके शब्दों को देखने,
पर बहुत सी त्रुटियाँ हम देखते हैं ।

अंग्रेजी के जमाने में शायद,
उन्हें अपनी हिंदी भाषा का ज्ञान नहीं ।
किंतु मुझे गर्व है कि,
मैं अपने हिंदी भाषा के प्रति अज्ञान नहीं ।

सपना

सपना उसका उससे बेहद दूर था,
आँखों में फिर भी एक नूर था।

उसके मन में पढ़ने की चाह थी,
पर ना पास उसके कोई राह थी।

स्कूल के दरवाजे पर टकटकी लगा देख रहा था,
जो अंदर से आवाज आती, उसको दोहरा रहा था।

कभी अपने फटे कपड़े तो कभी पैर देखता,
चुपचाप खड़ा ना कुछ सुनता, ना कहता।

रूठा हुआ सा कुछ उसका नसीब था,
उसका चेहरा मेरी आँखों के करीब था।

उसकी हालत देखकर आँखें मेरी भर आयी,
मैं अंदर स्कूल में ले गयी पकड़ उसकी कलाई।

उसको सब बच्चों के साथ बिठा दिया,
स्कूल में उसका नाम मैंने लिखा दिया।

उसके ऊपर पढ़ने का सुरूर था,
सच कहूँ तो वो बच्चा कोहिनूर था।

मेरा सब कुछ तू

तू ही चाहत
तू ही राहत
तू ही ख्वाहिश
तू ही आजमाइश
तू ही आशा
तू ही अभिलाशा
तू ही चाह
तू ही राह
तू ही आस
तू ही सांस
तू ही नजर
तू ही पहर
तू ही प्यार
तू ही बहार
तू ही गीत
तू ही संगीत
तू ही साज
तू ही आवाज
तू ही जिंदगी
तू ही बंदगी।

नन्हें मासूम

अरे बेरहम मानव,
कैसे फेंक देते हो तुम।
सड़कों पर कूड़े में,
नन्हें-नन्हें प्यारे मासूम,
जिनके नहीं होती संतान,
उनसे पूछो क्या है इनका मान।

ऐसो कर्मों पर आती,
मनवता को शर्म है।
जाने एक माँ भी,
कैसी बेरहम है।

इनमें भी धड़कन है,
इनमें भी साँस है।
पत्थर दिलों ने तो फेंक दिया,
पर जीने की इनमें आस है।

प्रभु तू इंसाफ इनके साथ करता,
इन्हे देकर किसी बेऔलाद की गोद भरता।
एक माँ की झोली ममता से भर जाती,
और इनकी किस्मत में खुशियाँ आ जाती।

तलब

तुझे एक नजर,
देखने की तलब सी लगी है।
हर पल मेरी नजर,
तुम्हें ही ढूँढती है।

तुमसे बात करने को,
हर लम्हा दिल करता है।
ये मेरी आँखे जाने कैसे,
सीख गयी हुनर शरमाने का।

धड़कन से मेरी हर वक्त,
तेरे नाम की आवाज आती है।
तेरी ही खुशबू से,
महकता है ये बदन मेरा।

जाने क्या कशिश है ऐसी तुझमें,
मेरा दिन हर पल,
तेरी ही मोहब्बत में,
बैचेन सा रहने लगा है।

उम्मीद

कभी-कभी सोचती हूँ
इंसान इतना परेशान क्यों होता हैं।
करने वाला तो ईश्वर है,
जो किस्मत में लिखा हो वही तो होता है।

हाथों की लकीरें तो बदली नहीं जाती,
यह किस्मत खुद से तो लिखी नहीं जाती।

गुलाब भी वहीं खिलता है,
जहाँ होते हैं चुभने वाले काँटे।
मंजिल चलने से ही तो मिलेगी,
चाहे डरायें कितना भी राहें।

सूरज उगता है और ढलता है,
चाँद भी आता है, और चला जाता है।
दिन ढलते ही शाम होती है,
शाम के बाद रात और फिर सुबह होती है।

हर चीज का एक नियम बना है दुनिया में,
तो फूलों की तरह मुस्कुरा कर जिया जाये दुनिया में।

जब हमारे हाथों में कुछ भी नहीं,
तो घबराता क्यों हैं इंसान ।

मायूस होकर यदि बैठोगे,
तो चारों ओर मायूसी नजर आयेगी ।
यदि मुस्कराते रहोगे,
ये सारी दुनिया मुस्कराती नजर आयेगी ।

तमन्ना

तमन्ना मेरी यही,

कि घर से जब विदा होकर जाऊँ तेरे,

लाल जोड़े में सजकर,

और सोलह श्रंगार में निकलूं

तू मुझे तरसती निगाहों से देखता रहे।

तेरे नयनों से नीर बहता रहे,

मेरी मांग को फिर तुम सिंदूर से सजाना।

माथे को मेरे आखिरी बार चूमना।

तुम कुछ पल को मुझे बाँहों में भर लेना,

मुझे अपनी नजरों से ही तृप्त कर देना।

कभी खुद को अकेला मत समझना तुम,

तुम्हारे साथ सदा रहेंगे हम।

अपने आपको तुम संभाल लेना,

बच्चों का और परिवार का बखूबी ध्यान रख लेना।

जो तुम्हारे लिए लिखे उन पलों को सहेज लेना,

मेरी भूली बिसरी यादों को दामन में समेट लेना।

गुरू वंदना

गुरू नित हमें जीने की राह दिखाते हैं,
उचित अनुचित का ज्ञान हमें कराते हैं।

बिना गुरू ज्ञान संभव नहीं होता,
गुरू निकट तो कुछ असंभव नहीं होता।

जिनसे भी हम कुछ ना कुछ सीखें,
उनमें हम गुरू दर्शन को देखें।

नैतिक मूल्यों से अभिगत कराते,
सामाजिक मूल्यों का ज्ञान कराते।

हमारा उचित मार्गदर्शन करते हैं गुरू,
आजीवन विद्यालय से होता शुरू।

गुरू की महिमा तो अपरम्पार है,
उनके आदर्शों से जीवन नैय्या पार है।

गुरू चरणों में नमन हम करते हैं,
मात-पिता, गुरू का नित्य वंदन हम करते हैं।

आत्मनिर्भरता

आत्मनिर्भर अब स्वयं को हमें करना होगा,
अपना विकास हमें स्वयं करना होगा।

पराश्रित होकर जीवन जीना बेकार है,
स्वावलंबन ही अब जीवन शैली का आधार है।

राहों में कांटे भी बहुत से मिल जायेंगे,
फिर भी मंजिलों को हम पा जायेंगें।

साथ-साथ कदम मिलाकर हमें चतना होगा,
अपना और देश का विकास अब करना होगा।

विदेशी वस्तुओं का त्याग कर, स्वदेशी हम अपनायेंगे,
अपने देश को निर्माण क्षेत्र में नयी पहचान हम दिलाएंगे।

अपने बुलंद हौंसले से एक नई कहानी हम लिख जाएंगें,
पूर्ण रूप से मेहनत करके अपने भारत को शिखर पर ले जायेंगें।

जीत

विश्वास हममें ये जगा है,
कि हार नहीं मानेगें हम।
कितनी भी परेशानियां आयें,
पर हमारे हौंसले नहीं होंगें कम।

दिलों में उम्मीदें हैं हमारे,
क्या हुआ जो कुछ आँखें हैं नम।
ये तो जीवन चक्र हैं,
कभी खुशी तो कभी हैं गम।

हारने का ये डर कैसा,
जब साथ-साथ हैं कदम।
जीतेंगे जरूर एक दिन हम,
और दूर होगा हार का ये भ्रम।

जलेंगे दिए उम्मीदों के,
मिट जाएगा ये काला घोरतम।

सर्दी

भूखा पेट, ठिठुरता बदन, तलाशती नजर,
वे सह रहा था, सर्दी का कहर ।

बर्फीली हवा जैसे बदन में,
शूल चुभा रही थी ।
सर्दी में कंपकपाती हुई जुबान,
जैसे बोलते हुए तुतला रही थी ।

सर्दी की मार क्या है,
उससे पूछो साहब ।
बारिश की बूँदे जो बर्फ जैसी थी,
उसके ठिठुरते शरीर पर तीरों सा प्रहार कर रही थी ।

आँसू छलक कर बारिश के पानी में धुल रहे थे,
मानो इधर-उधर किसी सहारे को तलाश रहे थे ।
सर्दी की मार क्या है,
उससे पूछो साहब ।

नयनो से मेरे नीर बहना प्रारंभ हो गया,
मेरी भी अपनी कविता का विराम हो गया ।
"एकता" चाहे, यदि भगवान किसी को अधिक ना दे,
तो जरुरत के अनुसार रोटी, कपड़ा, मकान तो सबको दे ।

शिव बारात

शिव, शंकर, भोलेनाथ,
तेरी महिमा अपरंपार
जटाओं में गंगा विराजे है।
माथे पर चंदा साजे है,
गले सर्पों की माला है।
संग भूतों की बारात,
शिव, शंकर, भोलेनाथ

भस्म भभूति रमायी तन पर,
चले निराले दुल्हे बनकर।
गौरा मैया वधू बनी हैं,
राह निहारे सखियों साथ
शिव, शंकर, भोलेनाथ

काले पीले सब बाराती।
नाचे अंबर झूमे धरती,
चले हैं गाते ढोल बजाते।
दूल्हे राजा को ले साथ,
शिव, शंकर, भोलेनाथ
तेरी महिमा अपंरपार।

मजदूर

घर तक का सफर मजदूरों के लिए कितना दूर हो गया,
छोटे बच्चों के साथ भूखे पेट चलने को वो मजबूर हो गया।

जो आये थे शहरों में कभी जिंदगी की तलाश में,
आज वापस मायूस होकर लौटे घर जाने की आस में।

धूप में इतना चले कि पैरों में छाले पड़ गये,
उदासी इतनी कि आँखों से आँसूं बह गये।

ना किसी गाड़ी का इंतजार, ना सुविधा की कोई आस है,
साँसों की एक माला, कुछ हिम्मत और हौंसले ही पास हैं।

कुछ की उम्मीदों ने तो रास्ते में ही दम तोड़ दिया।
उनकी घबराती साँसों ने उनका साथ छोड़ दिया,
घर तक का सफर मजदूरों के लिए कितना दूर हो गया।

बेटियों को इंसाफ

समझ नहीं पा रही,
कैसे उन बेटियों का इंसाफ मांगू।
हर दूसरे दिन किसी ना किसी,
बेटी के साथ दरिंदगी हो जाती है।
जब जन्म लेती हैं बेटियाँ,
तो उनमें देवी नजरी आती है।

इसी समाज के कुछ दरिंदे,
उन्ही देवियों से घिनौनी हरकतें करते हैं।
वो मासूम चिल्लाती हैं,
खुद को बचाने को प्रयास लगाती हैं।
आखिरी साँस तक जिंदगी से लड़ती हैं,
बहुत पीड़ा बेटियाँ सहन करती हैं।

यदि इस समाज में बलात्कार नहीं रुकता,
तो कन्या जन्म को रोकना होगा।
नहीं तो बेटियाँ यूँ ही दर्द से कराहती रहेंगी,
आँखों से अश्रु लेकर इंसाफ की प्रभार लगाती रहेंगी।

बेटियों के जन्म लेने से दिल खुश तो बहुत होता है,
किंतु इस अंजाने डर से दिल बहुत घबराता है।

नशे की लत

ये नशे का बाजार कैसा खुल गया,
युवाओं का भविष्य इसमें धुल गया ।

इस नशे की लत के वो शिकार हो गये,
दूर उनसे उनके घर द्वार हो गये।

अपनी धुन में ही वो कहीं खो गयें,
सम्मान, सभ्यता, संस्कार उनसे दूर हो गये ।

भला बुरा सोचने समझने सब क्षीण हो गया,
इनका मस्तिष्क बिल्कुल मलिन हो गया ।

ये नशे का बाजार बंद अब करना होगा,
खत्म ये नशे का कारोबार करना होगा ।

गुमराह हुए युवाओं को राह पर लाना होगा,
देश के भविष्य को हमें सुधारना होगा ।

उनकी अंधकार भरी राहों में उजाला भरना होगा,
हमें उन्हें भले बुरे का ज्ञान कराना होगा ।

कागज की किश्ती

काश वो बचपन वाली,
बारिश आज फिर हो जाये।
हम वो मासूमियत से,
कागज की किश्ती बनाते।
बारिश में भीगते हम रहते,
पानी में उस किश्ती को बहाते।
अपनी किश्ती से हम नजर ना हटाते,
उसके साथ हमारी उम्मीदें चलती।
देखते कब तक हमारी किश्ती तैरती,
माटी की सौंधी-सौंधी सी खुशबू आती।
हाथों से तालियां बजती रहती,
वो किश्ती कुछ कम ना थी।
उसमें हमारी मासूमियत व नादानियाँ थी।
काश आज फिर वो दिन वापस आते,
कागज की किश्ती बनाते और पानी में चलाते।

हमारा साया

कभी खुद को अकेला ना महसूस करना,
क्योंकि हमारा साया हमेशा तुम्हारे साथ है।

कभी हवा के झोंकों में,
तो कभी आपको आपकी खुशबू में,
तो कभी खुद के साये में,
कभी आपको आपके ख्वाबों में
हम हर पल इस तरह तुम्हें महसूस होंगे।

जब जब तुम्हारी आँखें खुलेंगी,
नजरों के सामने हम दिखाई देंगे।
जब बरसात का मौसम आएगा,
बारिश के उन बूँदों में तुम्हें हम महसूस होंगे।

जब लिखोगे तुम दिल की बात,
और कागज पर आयेंगे तुम्हारे जज्बात।
शब्द तो होंगे वो तुम्हारे,
लेकिन अल्फाजों में तुम्हें हम महसूस होंगे।

नारी की पहचान

हम नारी हैं हम भी सम्मानपूर्वक जीना जानते हैं
पुरुषों के साथ कदम मिलाकर हम भी चलना जानते हैं।

जब कहते हैं कि हर सफल पुरुष की,
सफलता के पीछे औरत का हाथ होता है,
तो फिर क्यों कमजोर जानकर,
औरत का अपमान होता है?

हम भी एक दिन कामयाब होकर,
अपनी अलग पहचान बनाना जानते हैं।
हम नारी हैं हम भी सम्मानपूर्वक जीना जानते हैं,
पुरुषों के साथ कदम मिलाकर हम भी चलना जानते हैं।

क्यों शिक्षित व गुणवान होने के बाद भी,
दहेज के नाम पर, हमारा मोल-भाव किया जाता है।
अपनों के द्वारा ही हमको जाने क्यों,
बेदर्दी से सताया और जलाया जाता है।
हम भी गुण, कर्म और धर्म के साथ,
आदर सम्मान से जीना जानते हैं।

हम नारी हैं, हम भी सम्मानपूर्वक जीना जानते हैं,
पुरूषों के साथ कदम मिलाकर हम भी चलना जानते हैं।

हमें गर्व है एक औरत होने पर,
सेवा करते हैं, बहन, माँ और पत्नी बनकर।
लक्ष्मी बाई, इन्दिरा गाँधी और मदर टेरेसा,
और हमको ऐसे कई नामों पर है गर्व।

डर-डर कर हम बहुत जी चुके अब तक,
अब निडर होकर आगे बढ़ना जानते हैं।

एक स्वप्न

जरा सी हमारी आँख लगी जैसी ही,
निंदिया रानी की पालकी सुलाने आयी जैसे ही,
वैसे ही स्वपन में हमने भ्रमण प्रांरभ कर दिया,
और घूमते-घूमते मुस्कुराना आंरभ कर दिया,
वाह क्या सुंदर प्यारी वो नगरी थी,
हरी-भरी वहाँ सारी वो धरती थी ।

नन्हें-नन्हें रंग बिंगरे पुष्प मुस्कुरा रहे थे,
पंछी कलकल की आवाज में चहचहा रहे थे ।
बर्फ से पूरे ढके हुए थे हिमालयराज,
नदी के शीतल जल की आ रही थी धीमी आवाज ।

पशु-पक्षी थे खुले आसमान के नीचे,
सब एक साथ ना कोई हारे, ना कोई जीते ।
उस नगरी में कोई आपसी भेदभाव नहीं था,
सच कहूँ तो आपस में प्यार का कोई अभाव नहीं था ।

बहुत सुकून मिल रहा था हमें वहाँ,
प्रेम, सद्भाव और सुकून था जहाँ ।

इतने में ही रात को गली में शोर हुआ,
हमारी पलकें भी हिली, जब कानों ने शोर को सुना,
आँखे खुली तो बाहर हो रही थी लड़ाई,
आपस में ही लड़ रहे थे दो सगे भाई।

काश हम उस सपने से बाहर ही ना आते,
उस प्यार, सुकून वाली दुनिया में ही रह जाते।
इस हकीकत की दुनिया में तो कहीं चैन, सुकून नहीं मिलता,
यहाँ सब अपने होने पर भी कोई अपना नहीं मिलता।

पैगाम

माँ कोरे कागज पर ये पैगाम लिखने जा रहा हूँ,
माँ जिन्दगी का आखिरी तुम्हें सलाम लिखने जा रहा हूँ।
बचपन में तुम्हारी गोद में लोरी सुनकर सोया माँ,
अब धरती माँ की गोद में सोने जा रहा हूँ,
माँ कोरे कागज---

इस जन्म में तेरा कर्ज नहीं चुका पाया माँ,
भारत माँ का बेटा होना का फर्ज चुकाने जा रहा हूँ।
माँ कोरे कागज---

तुमने मुझ पर अपनी खुषियाँ कुर्बान की माँ,
भारत माँ पर अपना जीवन मैं कुर्बान करने जा रहा हूँ।
माँ कोरे कागज---

नयनों से नीर बहाना मत, मेरे जाने के बाद माँ,
अपने प्राण न्यौछावर कर, शहीद होने मैं जा रहा हूँ।

माँ कोरे कागज पर ये पैगाम लिखने जा रहा हूँ,
माँ जिन्दगी का आखिरी तुम्हें सलाम लिखने जा रहा हूँ।

क्योंकि मैं एक नारी हूँ

सब रिश्ते प्रेम और जिम्मेदारी से निभा लेती हूँ
रूठे हुए हालात में भी खुद को मना लेती हूँ
अपने टूटे सपने को फिर से जोड़ लेती हूँ
लबों पर प्यारी सी मुस्कान भी ले आती हूँ
नाराजगी छोड़ अपनों का हाथ थाम लेती हूँ
अपने एहसासों को लफ्जों में बयाँ कर लेती हूँ
मेहनत में विश्वास कर मंजिल अपनी पा लेती हूँ
अधंकार में मोम बनकर उजियारा कर देती हूँ
शांत नदी की तरह सब कुछ सह लेती हूँ
कुछ बिना कहे चुप मैं रह लेती हूँ
क्योंकि मैं एक नारी हूँ।

भाई बहन

ये एक छोटी सी कहानी
एक राजा और एक रानी ।
उनके दो बच्चे थे प्यारे,
उनकी आँखो के वो तोर
एक दिन रानी बीमार हो गई,
बीमारी में वो पांव पसार सो गई ।

राजा ने दूसरी शादी रचायी,
बच्चों के नयी माँ तब आयी ।
नयी माँ ने बेटे को जन्म दिया,
पहला बेटा छत से गिरा मार दिया ।
उस बेटे का चूल्हे पर साग बनाया,
बहन को भाई ढूँढा नहीं पाया ।
खाना खाया, अंगूठी सब्जी में दिखी,
जो उसके भाई ने थी उंगली में पहनी ।

उसका तो मानो संसार लुट गया,
खाना पीना, सब छूट गया ।
भाई की जान एक तोते में आयी,
तोते को बहन पर दया तब आयी ।
अपनी बहन के साथ हर पल रहता,

मुझे मेरी माँ ने मारा, हर पल कहता।
एक दिन एक गाय वहाँ पर आयी,
भूखी बहन के लिए थनों से दूध की धार आयी।

वह गाय अपने साथ गौशाला ले आयी,
दोनों का बधंन देख तो मुस्कुराई।
उन दोनों ने अपना घर वो छोड़ दिया,
गौशाला में रहने लगे, झूठे रिश्तों से मुँह मोड़ लिया।

उपवन

मैंने एक सुंदर उपवन देखा,
उपवन में बहुत सारे,
खूबसूरत फूलों को देखा।
रंग बिरंगे वो फूल,
मुस्कुरा रहे थे वहाँ,
खूशबू महक रही थी।
एक गुलाब सुंदर था
लगा जैसे वो,
काँटों में हँस रहा था।

हर कोई फूल महक रहा था,
मानो कभी काँटों की,
तो कभी धूप की तपन झेल रहा था,
फिर भी सब फूल मुस्कुरा रहे थे।
मानो हमें वो जीवन में,
संघर्षों से सामना करना सिखा रहे थे।

बिटिया

बाबुल के आँगन की चिड़िया हूँ
माँ के आँचल की गुड़िया हूँ
बड़ी उम्मीद से धरती पर आयी हूँ
मैं एक प्यारी सी बिटिया हूँ।

मैं भी भाई के जैसे पढ़ना चाहती हूँ
मैं भी अपने सपनों को पूरा करना चाहती हूँ
माँ बाबुल का नाम रोशन करना चाहती हूँ
क्योंकि मैं एक प्यारी सी बिटिया हूँ।

मैं अपने घर में खुशियों का खजाना लेकर आऊँगी
घर की बगिया को प्यार से अपने महकाऊँगी
मैं मायके और ससुराल दोनों का मान बनूंगी
क्योंकि मैं एक प्यारी सी बिटिया हूँ।

मैं भी अपने जीवन के फैसले स्वयं लेना चाहती हूँ
मैं भी सबसे प्यार और सम्मान पाना चाहती हूँ
और अपने समाज में निडर और शान से घूमना चाहती हूँ
क्योंकि मैं एक प्यारी सी बिटिया हूँ।

सभी से ये प्यारी बिटिया कहे एक बात, सुनो माँ
किसी भी बिटिया को गर्भ के अंदर मत मारा करो माँ
क्योंकि हम भी इस प्यारी दुनिया को देखना चाहते हैं
क्योंकि मैं एक प्यारी सी बिटिया हूँ।

उम्र

पता ही नहीं चला कब उम्र ढलती चली गयी,
जैसे भोर की किरण, शाम को छिपती चली गयी ।

पहले बहुत सी बातों पर गुस्सा आता था,
अब उन बातों को नजरअंदाज करती हूँ ।
खोलकर अपने पसंद की किताब के पन्ने को,
पढ़ते-पढ़ते ही सो जाया करती हूँ ।

पता ही नहीं चला कब उम्र ढलती चली गयी,
जैसे भोर की किरण, शाम को छिपती चली गयी ।

अगर कभी दिल से कभी हँसना भी चाहती हूँ,
तब भी पहले वाली मुस्कराहट नहीं ला पाती हूँ ।
आईने के सामने बैठती हूँ, जब संवरने के लिए,
दिल कहता है क्या सजना, उम्र छुपाने के लिए ।

पता ही नहीं चला कब उम्र ढलती चली गयी,
जैसे भोर की किरण, शाम को छिपती चली गयी ।

उम्र का ये मोड़ भी थोड़ा सा अजीब है,
पर पुरानी सब बातें दिल के करीब हैं ।

आँखों का हर सपना याद रहता था "एकता" को,
आज वही मैं, हर छोटी बात भूल जाया करती हूँ।

पता ही नहीं चला कब उम्र ढलती चली गयी,
जैसे भोर की किरण, शाम को छिपती चली गयी...

बचपन

काश वो बचपन वापस आता,
पहले वाले खेल-खिलौने लाता ।

उड़ती तितली के पंख पकड़ना,
चाँद को चन्दा मामा कहना ।
बारिश होने पर खुश हो जाना,
उसमें नहाना और कागज की नाव चलाना ।
अब पहले वाली वो बात ना रही,
वो कविता कहानी वाली किताब न रही ।

काश वो बचपन वापस आता,
पहले वाले खेल-खिलौने लाता ।

कोई ठिकाना ना था खुशियों का हमारी
फरमाइशें पूरी होती थी चंद मिनटों में सारी
छोटी छोटी बातों पर गुस्सा हो जाना
थोड़े से प्यार से फिर मान जाना
वो बचपन का जमाना भी क्या जमाना था
उस जमाने में हर एक मौसम सुहाना था

काश वो बचपन वापस आता,
पहले वाले खेल-खिलौने लाता ।

माँ

पूछा किसी ने मुझसे
कि ये जन्नत कैसी होती होगी,
मैंने कहा शायद मेरी माँ के
साए जैसे होती होगी।
कोई दुःख नहीं होता वहाँ,
माँ के आँचल का साया है जहाँ।
माँ तो त्याग और प्रेम की मूर्ति होती है,
चरणों में उनके स्वर्ग की अनुभूति होती है।
हमारे सारे गमों को समेट लेती है वो,
अपने होठों की हँसी भी हमें दे देती है वो।
इस धरा पर ईश्वर का एक ऐसा रूप हैं माँ,
अपनी ममता से इस जहाँ को जन्नत बना देती है माँ।
माँ ही तो हमें जीने का तरीका सिखाती है,
हमारी नींव को वो मजबूत बनाती है।
तम्हारे लिए जो लिखूँ वो कम है माँ,
बस मेरी तो सब कुछ तू है माँ!

कलम

जाने इस कलम में
कितने जज़्बात होते हैं,
जाने कितनों के,
सुख दुःख भीतर छुपाये बैठी है,
जब जब भी कलम,
किसी की चलती है ,
अपने आप ही मन में
बहुत सी भावनाएं उमड़ आती हैं,
दुःख में तो दर्द को बयाँ करें
प्रेम में आँखों में ये हया भरे,
ख़ुशी में अगर लिखे,
तो लफ़्ज भी मुस्कुरा जाते हैं,
वाह री कलम,
हम तो इस कदर तेरे दीवाने बन जाते हैं।

बाबुल

चुनर ओढ़ ली बाबुल तुम्हारे सम्मान की,
सदा इज्जत रखूंगी आपके इस अभिमान की,
ससुराल हो या मेरा मायका बाबुल हमेशा,
ध्यान रहेगी आपकी पगड़ी वो मान की।

घर से आज विदा हो चली, नाजों में पली,
अपने पीछे यादें छोड़ चली, बाबुल तुम्हारी लाडली।

गृहलक्ष्मी

मैं गृहलक्ष्मी हूँ
जब दर्द हो तो खुद को थोड़ा सहला लेती हूँ,
जब थक जाती तो कुछ देर आराम कर लेती हूँ।

कभी गर आँसू आयें तो आंचल से पोंछ लेती हूँ
गम को धीमे से छुपाकर मुस्कान बना लेती हूँ।

दिल टूटे अगर तो खुद को फिर से संभाल लेती हूँ
चलते चलते थक जाऊँ, तो कुछ देर सुस्ता लेती हूँ।

हिम्मत कम हो जाये तो हौंसले बुलंद कर लेती हूँ,
सारी खुशियाँ अपने आँगन में समेट लेती हूँ।

तुम्हारे नाम के साथ अपना नाम लिख लेती हूँ
जीवन की उलझनों को प्यार से अपने सुलझा लेती हूँ।

हर परेशानी का सामना कर उसे सरल बना लेती हूँ,
इसी तरह हर पल को पन्नों पर सहेज लेती हूँ।
मैं गृहलक्ष्मी हूँ।

यादें

जो तेरे साथ बीता,
वो हर पल याद आता है।
उन लम्हों में जब लौटूँ,
तो वक्त भी मुस्कुराता है।

तुम्हें एक नजर देखकर,
मैं खुद को भूल जाया करती थी।
तेरी बाँहों में कैद होकर,
दुनिया से दूर हो जाया करती थी।

ना तो वो दुनिया,
ना नजरों को तू नजर आता है।
मेरी नजरें चारों ओर,
तुझे आज तलाशती हैं।
पर जाने कहाँ तू,
मेरी नजरों से दूर छिप जाता है।

वो जाते हुए मुड़कर देखना,
मुझे आज भी याद आता है।
तेरा मुस्कुराता वो चेहरा,
आज भी दिल में घर बसाये हैं।

तू किताब का वो पन्ना है।
जो बिना याद करे हर पल याद रहता है।

पर्यावरण

अपने आस पास के वातावरण,
को हम स्वच्छ बनायें ।
मानवता का हम फर्ज निभायें,
गंगा माँ मधुर जल लिए ।
अविरल बहती रहती,
निर्मल और स्वच्छ जल,
कल-कल निष्काम भाव में बहती ।
आस-पड़ोस, नदियों,
पर्यावरण को हम स्वच्छ बनायें ।
प्रयत्न अब हमें यही करना होगा,
अपनी धरती माँ को हरियाली से भरना होगा ।
एक पेड़ अगर कट भी जाये,
उसके बदले हम दो पेड़ लगायें ।
स्वच्छ व ताजी हवा,
प्रत्येक को मिलेगी ।
काया सबकी स्वस्थ,
निरोगी सदैव रहेगी ।

हिम्मत और हौंसला

अरमान मेरे दिल में यही,
कि कुछ कर जायें।
बंदिशों में कब तक रहें,
अपनी छुपी काबिलियत को,
एक दिन दुनिया को हम दिखायें।

दिल में ख्वाब सजाये बहुत,
उन ख्वाबों को अब पूरा करके।
स्वयं की अलग पहचान हम बनायें।

जो कभी हमें समझे नहीं,
या जिसने हमें कमजोर समझा।
उनके समक्ष अपनी ताकत,
बुलंदी का परचम हम लहरायें।

किस्मत खुद से तो बना नहीं सकते,
किंतु चमकायी तो जा सकती है।
अपनी इस किस्मत को सितारे की तरह हम चमकायें।

शायरी

1.

चेहरे पर झूठी मुस्कुराहट के नकाब से थक चुकी हूँ
सच कहूँ तो अन्दर ही अन्दर टूट चुकी हूँ,
ख्वाब झूठे आँखों में हर बार बुन लेती हूँ
सब्र रखे हूँ! इसलिए सबकी कड़वी बातें भी सुन लेती हूँ।

2.

मेरे घर का आँगन सूना है तुम बिन
ये जिन्दगी, जिन्दगी भी नहीं तुम बिन,
मेरी आँखों में ये जो नमी है,
वो कुछ और नहीं, बस तेरी ही कमी है।

3.

याद की राख में आंच सी बची रह जाती है।
दिल में उस आंच की तपन सी रह जाती है,
उस तपन में हम कुछ झुलसते से चले गये,
जीवन की इस डोर में उलझते से चले गये।

4.

जो लम्हें बीत गये वो लौट कर वापस कभी ना आये,
क्यों ना आने वाले लम्हों को जी भर के जिया जाये
हर छोटी खुशी को दिल की तिजोरी में रखा जाये,
लबो पर मुस्कुराहट लाकर लम्हें को हसीन बनाया जाये।

हाथ से जैसे रेत फिसल जाता है, वैसे ही वक्त भी बीत जाता है,
लेकिन वो वक्त अपने पीछे बहुत सी मीठी-मीठी यादें छोड़ जाता है।

5.

जीवन में खुशियाँ थोड़ी कम हैं,
दिल उदास और आँखें नम हैं।

6.

कभी जुबां से कुछ बयां नहीं करते हैं,
धीमी-धीमी मुस्कान से मुस्कुराते रहते हैं।

7.

चूड़ी की खनक से हमें बहुत प्यार है,
मेहंदी की रंगत में खुशियों की बहार है।

8.

रंग बिरंगी काँच की प्यारी-प्यारी चूड़ियाँ,
बिना बोले ही सुना देती हैं प्यारी कहानियाँ।

9.

तेज कितना भी हो जीवन की नदियाँ का बहाव,
चाहे धूप कितनी भी हो जीवन में या छाँव,

10.

दोनों के कदम एक दूसरे का साथ यूँ ही निभायेंगे
एक दिन खुशियों से भरी अपनी मंजिल को पायेंगे।

11.

इस जहां में सब ख्वाहिशें कहाँ सबकी पूरी हुआ करती हैं,

ये अधूरी कहानी बनकर हर पल आँखों को छुआ करती हैं।

12.

आजकल हमारा रिश्ता कुछ बेगाना सा हो गया,

शायद सब दुनिया अपनी और एक ये शख्स अंजाना हो गया।

13.

तुम कभी हमारे हुए ही नहीं, ये शिकवे अब रह गये,

क्या कहें! तुम तो तुम ना रहे, और हम हम ही रह गये।

14.

तेरे इंतजार में जिंदगी मेरी ये गुजर गयी,

जो भी कुछ जीता, वो भी सब मैं हार गयी

आँखें भी साथ देने में मेरा मुकर गयी।

15.

गुलाबो को काँटो में मुस्कुराते देखकर

जिन्दगी में कुछ सबक सीखा है,

मुस्कुराते रहिये हमेशा,

होगा वही जो विधाता ने भाग्य में लिखा है।

16.

नजरअंदाज करने वालो से
अक्सर नजर मिल जाया करती हैं,
कुछ खामोश कहानियाँ बिना कुछ कहे ही
बहुत कुछ कह जाया करती हैं ।

17.

ऐ मेरी नन्हीं कली, मुस्कान तेरी फूलों के जैसी हैं,
तेरी मासूम निगाहें फरेबी दुनिया से परे लगती हैं ।
तेरी मीठी आवाज और तेरी नटखट शैतानियाँ,
इस जहां में सबसे अलग लगती हैं ।

18.

दुनिया एक रंगमंच है, यहाँ किरदार बदलते रहते हैं,
जरुरत के मुताबिक सब रिश्ते बदलते रहते हैं ।
जीवन की किताब के पन्ने रोज बदलते रहते हैं,
इसांन भी अब तो मौसम की तरह रंग बदलते रहते हैं ।

19.

इस उलझी हुई सी जिंदगी में
मैंने खुद को बहुत सुलझा रखा हैं
दुख वाले काँटों को निकाल
मुस्कुराहट वाले गुलाब को सजा रखा है ।

20.

जिंदगी धुंध में लिपटी सी नजर आ रही है,

धुंध में सब वादियाँ सिमटी सी जा रही हैं

मंजिल दिख नहीं रही, फिर भी चले जा रहे हैं

धुंधले इन रास्तों पर अपना रास्ता बनाये जा रहे हैं।

21.

एक पंख जब तक पंछी के साथ था

तब तक ऊँची उड़ान भरता रहा,

उससे जुदा होते ही जमीन पर गिरकर अकेला तन्हा पड़ा रहा।

कभी किसी के पैरों में आया, तो कभी कहीं धुल में आया,

जिसके कारण तूने आसमान छुआ, याद तुझे अब वो साथी आया।

22.

बहुत तलाश किया हमने सुकून इस जहां में,

भटकते बहुत फिरे यहाँ वहाँ इस जहां में,

जब जिंदगी में थक गये, और हमेशा के लिए सो गये,

तब सबने कहा, अरे सुकून की नींद ये सो गये।

23.

कुछ इस कदर शरारत जिंदगी ने हमारे साथ की,

उनके बाद न मोहब्बत हमने किसी के साथ की,

बड़ी शिद्दत से रिश्ता निभाया था उनसे हमने,

वो भूल गये, पर अब तक दिल में ख्वाब संजोया है हमने।

24.

गुस्सा मुझमें भी बहुत है, और कोई दिल दुखाये अब
ये बर्दाश्त भी नहीं होता,
फिर भी सब सहन करती हूँ, दिल दुखाने वाला
कोई गैर नहीं होता।

25.

जहाँ भी राह मुश्किल हो, ए जिंदगी वहाँ मुझे संभाल लेना,
जब भी मुझ पर कोई परेशानी आये, तू मेरा हौसला बढ़ा देना।

26.

ठोकर लग ही जाती है अक्सर चलने वालों को,
हार कर जीत मिल ही जाती है, किस्मत से लड़ने वालों को।

27.

देखो मुझे! मैं एक हँसता हुआ फूल हूँ,
किसी के सिर पर सजा तो नहीं चरणों की धूल हूँ।
आंधी बारिश, धूप जो मिले सब मैंने सहे हैं,
पर बताओ! क्या मैंने अपने दुःख किसी से कहे हैं।

28.

मुझमें भी एक जंगल है, जो बहुत सी उमीदों से भरा है,
उमीदों के जंगल का हर पेड़ आशाओं की जड़ पर टिका हुआ है।

29.

हमारी जिंदगी भी कॉपी का ऐसा पन्ना बनकर रह गयी,

जिसमें किसी रंग की कलम न चली, और कॉपी कोरी रह गयी।

30.

कहते हैं कि समय बड़ा बलवान होता है,

जैसा कर्म करो, वैसा उसका अंजाम होता है,

मिलता उतना ही है जितना नसीब में होता है,

अपना आज सही रखिये, कल स्वयं अच्छा होता है।

31.

हर किसी पर हद से ज्यादा कभी विश्वास नहीं करना,

मतलबी इस दुनिया में हर किसी से वफा की आस नहीं करना।

32.

प्यार के गीत गाते रहो, मुश्किलों में भी मुस्कुराते रहो,

कभी हारना मत जिंदगी की जंग, बस उम्मीद के दिए जलाते रहो।

33.

दुनिया एक हकीकत है इसमें सबको निभाना किरदार अपना है,

जो मिला वो नसीब और जो न मिला वो हसीन सपना है।

34.

खुशियों की तिजोरी से
अपने हिस्से की हर ख़ुशी को पाना चाहिए,
लबों पर रहे हर पल मुस्कराहट
जिंदगी का कुछ ऐसा उसूल बनाना चाहिए।

35.

मोहब्बत का भी क्या खूब अंजाम है यारो,
बस यूँ समझ लो, अश्कों से भरा एक जाम है यारो।

36.

ये जो पत्ते पर ठहरा ठहरा सा पानी है,
ये भी उमीदों की एक कहानी है,
उम्मीदों के दामन को हमेशा थामे रखना,
विश्वास की डोर को दिल में बांधे रखना।

37.

भावनाएं तो बहुत सी गोते खाती हैं, इस अंतर मन के अंदर,
पर ना जाने कितनी भावनाओं को यूँही खत्म होना पड़ता है,
इस छल कपट की दुनिया में।

38.

दुनिया मतलबी सी हो गयी है, माया की नगरी में कहीं खो गयी है,
ऐसा लगता है, जैसे स्वार्थ के बाजार में मानवता कहीं खो गयी है।

39.

अपने वजूद से ज्यादा बोझ अपने सर पर उठा रखा है,

मैं एक भारतीय नारी,

इसलिए मैंने हर एक किरदार दिल से निभा रखा है।

40.

दिल के जज्बात को अल्फाज बना लेते हैं,

उन अल्फाजों को कलम से सजा लेते हैं।

अकेले में उन अल्फाजों को बार-बार पढ़ लेते हैं,

अधूरा जो रहा उसे पूरा करने की कोशिश कर लेते हैं।

41.

जिंदगी से क्या शिकवा, शिकायत तो अपनी किस्मत से है,

बीच रास्ते छोड़ उन्हीं रिश्तों ने, जिन्हें निभाया हमने शिद्दत से है।

42.

इस तरह से हमने जिंदगी अपनी ये बसर कर ली,

हर लम्हें मुस्कुराए गमों से भी दोस्ती इस कदर कर ली।

43.

दिल आज गुमसुम सा हो गया,

जाने कौन सी उधेड़बन में खो गया,

लोगों की भीड़ में भी तन्हा रह जातें हैं,

आँखों से बेवजह अश्क बह जाते हैं।

44.

जीवन में कुछ कमी सी बनी रहती है,
आँखों में हर पल कुछ नमी सी बनी रहती है।

45.

मेरी जगह एक दिन मेरी लिखी ये किताबें ले लेंगी,
कुछ अनकही सी बातें, मेरी ये किताबें कह देंगी।

46.

मेरे पहचान तो मेरे शब्दों से है,
और वो शब्द बने मेरे जज्बातों से हैं,
बिना शब्दों के मेरी पहचान कुछ भी नहीं,
मैं जो भी हूँ अपने अल्फाजों से हूँ।

47.

हिफाजत कीजिये अपने हुनर की,
कभी ना कभी वो आपकी मंजिल तक जरूर पहुँचायेगा,
जब सफ़र में तुम्हें कोई साथी ना दिखाई देगा,
वो हुनर ही तुम्हारा हमसफ़र बन जायेगा।

48.

अपनी जीत का श्रेय मैं स्वयं नहीं लेती हूँ
अपनी हार का श्रेय मैं दूसरों को भी नहीं देती हूँ
मैं जीत गयी जब मेरी मेहनत ने साथ दिया,
गर मैं हारू तो अपना हौंसला बढ़ा लेती हूँ।

49.

सजाकर रखना जीवन को, चाहे वो कितना भी बिखर जाये
रंग भरो जीवन में, कि बेरंग जीवन भी निखर जाये।

50.

गुलाब की पंखुरियों की तरह जिंदगी अब गुजर रही है,
जितना संभालना चाह रहे हैं, उतनी ही ये बिखर रही है।

51.

भारतीय नारी जन्म से ही अपने कर्तव्यों को दिल से निभाती है,
फिर भी जाने क्यों जीवन के हर मोड़ पर ठगी सी रह जाती है।

52.

बहुत ढूँढने के बाद आज बरसों पुराने दोस्त मिले,
सोचा कुछ बचपन वाली मुस्कान वापस आ जाएगी,
पर वो नादानी भरे दोस्त तो बिल्कुल बदल चुके थे,
जिम्मेदारियों के कारण वो काफी समझदार हो चुके थे।

53.

सुबह उठकर एक कप चाय चाहिए,
और जिंदगी भर तेरा साथ चाहिए
चाय से तो मेरा दिन बन जाता है,
और तेरे साथ से ये जीवन भी हसीन बन जाता है।

54.

लिखते हैं मिटाते हैं, कुछ बात तुम तक पहुँचाना चाहते हैं,

कहीं तुम गलत न समझ बैठो, बस इसी बात से घबरा जाते हैं।

55.

चलो मेरे साथ इन सुनसान और काँटों भरी राहों में,

जहाँ मेरे कदम डगमगायेंगे, संभाल लेना अपनी बाँहों में।

56.

तेरे नैनों की मधुशाला का प्याला जब से पी लिया,

लगता है सदियों का जीवन, एक पल में जी लिया।

57.

अब हमने खुद ही इतना सीख लिया, अपनी अदाओं पर,

कुछ लोग जलते हैं हमसे,

इसलिए हमें तो नाज है अपनी खताओं पर।